Б 48
2187

LES DINERS,

OU

CONVERSATIONS POLITIQUES

ENTRE QUATRE DÉPUTÉS

DES DIFFÉRENS CÔTÉS DE LA CHAMBRE DE 1820.

LES DINERS,

OU

CONVERSATIONS POLITIQUES

ENTRE QUATRE DÉPUTÉS

DES DIFFÉRENS CÔTÉS DE LA CHAMBRE DE 1820.

DÉDIÉS

A PARIS,

CHEZ TOUS LES MARCHANDS DE NOUVEAUTÉS.

—

1821.

ÉPITRE DÉDICATOIRE.

A

Messieurs les Electeurs

DE LA CINQUIÈME SÉRIE.

Messieurs,

Les droits de la politique sont au dessus des droits de la gastronomie. Dans les dîners que j'ai l'honneur de vous offrir, il ne sera pas question de l'art des Beauvilliers et des Verry, mais de l'éloquence de nos tribuns. C'est à la vérité une viande un peu creuse ! Il faut beaucoup de discours semblables à celui que M. le marquis de L.f....... a prononcé le 4 juin pour valoir un vol-au-vent à la financière, ou même une cotelette à la carbonara.

Les conversations qu'ont eues les quatre députés, aux dîners desquels j'ai assisté, me paraissent mériter toute votre attention.

Vous y verrez, Messieurs, quel était l'état des choses au moment où la session a été close. Vous reconnaîtrez la nécessité de le faire cesser, en appelant au secours de la monarchie des députés qui, capables de pulvériser les doctrines perverses du côté gauche, sachent aussi apprécier à sa juste valeur ce système de modération qui nous mine. Il n'est que faiblesse aux yeux des uns, mais, aux yeux des autres plus clairvoyans, c'est une manœuvre adroite pour faire aller la bascule !

Certains personnages, en élevant et baissant alternativement les deux côtés de la machine, demeurent stationnaires, et disent : Nous resterons.

Que ce soit faiblesse ou finesse, il est évident qu'on nous mène par le plus court chemin à une révolution nouvelle. Le libéralisme ne s'endort pas ; il ne rugit pas toujours, mais

Circuit quærens quem devoret.

Ainsi, Messieurs, serrez vos rangs ; de l'union entre vous, et vous serez les plus forts. Surtout pas de concessions ; elles sont dangereuses ! le côté droit de la chambre de 1820 se souviendra, il faut l'espérer, de celles qu'il a faites.

Renvoyez-nous ces députés sortans, aussi recommandables par leurs talens que par leurs principes. Qu'ils continuent de faire au Roi et à la patrie le sacrifice de leur tems ; et, s'il le faut, de leurs intérêts privés.

Ce n'est pas quand l'État est menacé par une faction qu'on a eu la criminelle adresse de rendre redoutable, qu'il faut s'abaisser aux calculs.

Bayard, Sully et Molé ne calculaient pas.

Peut-être, Messieurs, me demanderez-vous si ces dîners ne sont pas une fiction ? je vous déclare que je n'ai point imaginé une fable.

Les conversations ont eu lieu de la manière que je les ai rapportées ; mais la prudence a voulu que je changeasse le lieu de la scène.

J'avoue néanmoins que je me suis rendu coupable d'une infidélité : les expressions des interlocuteurs étaient parfois très-peu ménagées ; on conçoit que, quand trois personnes se croient seules à table, elles peuvent se permettre des écarts que l'urbanité et la décence repoussent dans des écrits ; j'ai donc adouci le style autant qu'il a été possible sans en altérer le sens.

Messieurs du côté gauche et même d'autres doivent m'en savoir gre.

Voilà, Messieurs, ce que j'avais à vous dire sur ces dîners. Ne perdez pas de vue, je vous prie, les judicieuses réflexions de M. de la droite ; n'oubliez pas non plus les regrets de M. Prudent : il a été mystifié, et ne veut plus l'être.

Je suis avec respect,

MESSIEURS,

Votre très-humble serviteur,

LE FRANC PICARD.

LES DINERS,

ou

CONVERSATIONS POLITIQUES

ENTRE QUATRE DÉPUTÉS

DES DIFFÉRENS CÔTÉS DE LA CHAMBRE DE 1820.

PROMENADE

ET PREMIER DINER.

—

JE me promenais tristement au Palais-Royal le 4 janvier dernier, en réfléchissant sur les événemens extraordinaires qui s'étaient passés en 1820.

Que de crimes! me disais-je; que d'intrigues! que de bassesses! mais aussi que de traits de vertus et de courage! que d'espérances!

Semblable à M. Azaïs, dont je m'honore d'être le disciple, j'établissais des compensations.

Il était six heures, je n'avais pas dîné; l'estomac, ce despote auquel on ne désobéit pas impunément, m'ordonna d'entrer chez un restaurateur ; je me rendis chez Grignon.

Je demandai un cabinet particulier, afin de pouvoir me livrer de nouveau aux réflexions qui m'avaient occupé une partie de la journée.

Le garçon me devina, je fus placé selon mes désirs.

Le tableau des forfaits dont l'année précédente était coupable, suivant mon imagination, se déroulait à mes yeux ; il me parut même qu'elle me faisait sa confession générale.

« Mes trente sœurs aînées, me dit-elle, ne valaient guère mieux que moi, et j'avoue que j'en ai surpassé plusieurs dans l'art du crime ; mais aussi il en est très-peu qui aient donné autant d'espérances : jugez-moi.

» Dans les premiers jours de mon existence, j'ai enfanté *Quiroga* et *Riégo*, ces fondateurs héroïques de la liberté espagnole.

» C'est dans l'île de Léon, et avec les baïonnettes, qu'a été tracée cette sublime constitution *des cortès*, qui, deux mois après, a rendu *Ferdinand VII* prisonnier de ses sujets. J'espère que cela peut passer pour un bon crime dont les suites sont incalculables.

» Ma sœur 1819 m'avait légué *les piqueurs*, je les ai tolérés pendant le mois de janvier ;

mais ceci n'est qu'une peccadille, la police n'avait qu'à faire mieux son métier.

» Au mois de février, j'ai donné le jour à un monstre, et je n'existais que depuis six semaines !

» J'ai porté la désolation en France, et je peux dire en Europe ; les méchans seuls ont tressailli de joie ! ils n'ont pas même été assez adroits pour la dissimuler (1).

» Les demi-méchans ont fait du crime *de Louvel* un crime *isolé !* Ils ont leurs raisons, *les demi-méchans*, pour être pacifiques dans l'occasion.

» J'ai, dans le mois de mars, achevé glorieusement en Espagne ce que j'avais commencé en janvier : le roi Ferdinand peut vous donner là-dessus des détails intéressans.

» En avril, je me suis amusé innocemment à faire partir des pétards sous les appartemens d'une princesse dans le sein de laquelle reposaient les espérances encore incertaines des bons Français.

» J'ai préludé pendant le mois de mai, dans les départemens de l'est, à des conspirations plus sérieuses. Vous rappelez-vous qu'à la fin

(1) Voyez les journaux du parti.

de ce mois et au commencement de juin , n'étant pas à la moitié de ma carrière , j'ai engendré tous ces bambins de collége , et quelques sans-culottes soldés , à l'aide desquels je voulais empêcher qu'on ne touchât à la loi des élections? Je ris encore quand je pense que c'est en criant *vive la charte* que ces profonds publicistes voulaient la renverser !

» Au mois de juillet , à peine l'almanach était-il retourné , que j'ai donné le jour aux *carbonari* de Naples. Ce tour en vaut bien un autre. On a remarqué que ces *carbonari* n'étaient pas difficiles en constitutions ; celle d'Espagne était faite , ils l'ont adoptée. Dès ce moment tous les sages de l'univers ont admiré la constitution d'Espagne comme le chef-d'œuvre de l'esprit humain.

» Cependant je ne voulais pas que mon huitième mois fût jaloux de ceux qui l'avaient précédé ; en conséquence, j'ai travaillé à une conspiration militaire , au moyen de laquelle la France devait être aussi heureuse que l'Espagne et le midi de l'Italie ; ce n'est pas ma faute si elle n'a pas réussi ; pourquoi y a-t-il eu des révélateurs? Des coupables subalternes ont été arrêtés, ils seront ou ne seront pas victimes ;

l'important est que les *Quiroga* et *les Riégo gaulois* soient à l'abri des recherches.

» Jusqu'à présent je suis bien hideuse, mais je vais commencer à vous plaire.

» Le 29 septembre! Hem, il vous en souvient, votre visage s'épanouit! Un duc de Bordeaux ne rachète-t-il pas bien des crimes? — Pas, du moins, la mort du père, dis-je en moi-même!...» L'année 1820 continue :

« J'ai bien aussi, dans les derniers mois de mon existence, travaillé en Portugal: n'était-il pas naturel que tous les habitans de la Péninsule fussent régis par les mêmes lois?

» C'est à peu près mon dernier crime éclatant.

» Je ne vous parle pas des plaisanteries que je me suis permises au sujet de la reine d'Angleterre, elles n'ont pas eu de suites sérieuses. En revanche, vous me saurez bon gré des excellentes élections du mois de novembre. Tombée dans la décrépitude en décembre, je n'ai à vous léguer que des espérances, et à vous donner que des conseils. Les meilleurs sont le fruit de l'expérience, quoi qu'en disent les majeurs de dix-sept ans qui pensent, réfléchissent et agissent.

» Soyez donc, vous et les vôtres, assez sages

pour profiter des événemens que j'ai fait naître; mais, prenez-y garde, la sœur qui me suit est aussi méchante que moi; elle se présente avec un air bénin ; ne vous y fiez pas, elle n'en est que plus à craindre!... »

Je crois que j'aurais poussé jusqu'à minuit la conversation que je me figurais avoir avec la défunte année, si je n'avais été interrompu par un bruit assez fort qui se fit entendre dans le cabinet voisin.

Trois personnes y entraient, je pus les distinguer et les entendre : c'étaient des députés de mon département ; ils avaient été mes condisciples.

Étonnés eux-mêmes de se rencontrer en ce lieu et à pareille heure, ils consentirent, malgré la différence d'opinions, à dîner ensemble. Il fut convenu qu'on ne s'occuperait pas de politique ; c'était bien difficile dans une semblable réunion de convives : je dois les faire connaître.

Le premier, gros et gras, avec un teint vermeil, fait, depuis un tems immémorial, partie de nos assemblées législatives ; membre du conseil des cinq cents, il n'a pas encore quitté les banquettes du Palais Bourbon ; jamais il n'a encouru la disgrâce d'aucun ministre ; en revanche il a toujours voté comme le ministère l'a voulu. Il ne s'est pas tellement occupé des intérêts de la république, de l'empire et du royaume, qu'il n'ait pensé utilement aux siens : riche en domaines nationaux de toutes couleurs, il a pris des arrangemens avec les familles d'émigrés ; on sait qu'en pareil cas elles sont disposées à se contenter d'un léger sacrifice. Du reste il est assez bon diable et très-accommodant avec tous les régimes ; aussi jouit-il dans son pays de la réputation *d'un sage* et d'un homme *à grandes vues !* Il siége au centre avec ceux de ses collègues qui ont des places amovibles, ou qui cherchent à obtenir des grâces et des faveurs.

Le second est mince, a les yeux caves, le teint blême ; il vise au bel esprit. Sa bibliothèque se compose de Voltaire et de J. J. Rousseau ; il sait par cœur tous leurs ouvrages et ne sait que cela. Il n'avait pas trente ans quand la révolution a éclaté ; il lui a élevé des autels, et, si l'on en croit la chronique du pays, il lui a offert des holocaustes ! Pauvre alors, il s'est enrichi pendant le bon tems au moyen de deux abbayes et de trois châteaux qu'il s'est mis sur la conscience. La révolution qui porta Bonaparte au consulat paraissait devoir le condamner à l'oubli, mais il avait la protection de

Fouché, et d'humble républicain il devint un fier et opulent baron.

Il ne fut pas ingrat envers son empereur, car ses deux abdications lui firent verser des torrens de larmes ! Il commençait néanmoins à prendre patience sous les Bourbons, lorsqu'on vint lui dire de la part d'un grand ministre que le tems était venu de reparaître sur l'horizon.

Le comité directeur connaissait ses principes ; et lors des élections de la troisième série, il fut nommé *à une forte majorité !* C'est un des beaux parleurs de la gauche ; il siége à côté des Chauvelin, des Lafayette, des Benjamin Constant et autres.

Le troisième enfin est d'une stature colossale : émigré et officier dans l'armée de Condé, il n'est revenu en France qu'en 1814 ! Il s'est cru obligé, au 20 mars 1815, de faire *le voyage sentimental de Gand,* dont il a eu le bonheur d'être couvert par *l'amnistie ;* au surplus, par un concours de circonstances heureuses, il a conservé une bonne partie de sa fortune, il en fait un noble usage. Membre de la chambre, introuvable et atteint par l'ordonnance du 5 septembre 1816, il ne doit l'honneur de siéger dans celle des députés en 1820, qu'à la loi du 26 juin ; il est l'un des 172 , et prend sa place à l'extrême droite.

La réunion de ces trois personnages me paraissait surprenante, mais elle était l'effet du hasard ; et puisqu'ils étaient convenus de leur fait, je profitai de ma position afin de rendre bon compte de leur entretien.

Ils avaient accepté la proposition de dîner ensemble sous la condition de ne parler que de leur vieille amitié de collége et d'être muets sur la politique ; mais il était facile de prévoir qu'on ne se tiendrait point parole.

En effet, à peine un quart-d'heure était écoulé, que M. de la gauche fit tomber la conversation sur les causes qui l'avaient engagé à adopter les principes de la révolution , auxquels il ne dissimula pas qu'il était fort attaché.

Et moi, je les déteste , répond avec chaleur M. de la droite , et je les combattrai jusqu'à mon dernier soupir : *Dieu et le Roi*, voilà ma devise !

M. du milieu. Eh bien , Messieurs, ne voilà-t-il pas déjà de la politique ? Nous nous étions pourtant promis de n'en point parler. Je serais, moi, capable de le faire sans aigreur, mais vous, mes collègues, qui siégez à des extrémités opposées, et qui , peut-être par cette raison-là même, êtes également condamnables , (1) vous ne manquerez pas d'aller au delà des bornes, Vous, M. de la droite , vous irez peut être jusqu'à dire à M. de la gauche qu'il est un factieux; il vous répondra sans plus de politesse que vous êtes un éteignoir, que vous voulez le renversement de la charte, la destruction de nos libertés; croyez moi, Messieurs, suivez mon exemple, de la modération dans le caractère et dans les discours.

Medio tutissimus ibis.

M. de la droite. Voilà bien le langage d'un ministériel ! il prétend nous faire admirer, comme le *nec plus ultra* dans la science de gouverner, ce misérable système de bascule qui n'a été imaginé que pour la conservation des ministres.

M. du milieu. Je ne veux pas d'admiration , Monsieur ; mais vous conviendrez vous-même que la marche du gouvernement est entravée par les prétentions exagérées de la droite et par l'opposition plus que fatigante de la gauche. Les discours des orateurs du centre , au contraire, ne s'écartent jamais des bornes de la décence ;

(1) Je croyais entendre une leçon ministérielle.

c'est là que sont les véritables lumières et l'esprit de sagesse qui veut comprimer tous les partis (1). Vous autres royalistes, vous voulez toujours rétrograder vers le siècle de Louis XIV!

M. de la droite. Vous autres *royalistes* est impayable! c'est une jolie petite naïveté ministérielle qui prouve que vous, qui vivez sous le gouvernement d'un roi, ne vous regardez pas comme des royalistes ; vous faites de ceux-ci un parti d'opposition ! c'est merveilleusement entendre le gouvernement représentatif !

Montesquieu n'a pas imaginé cela ; son génie ne pouvait pas atteindre à une pareille contradiction. Au reste le ministère n'a point de plan, il n'a qu'un but, c'est d'être stationnaire ; et il y réussit en grossissant alternativement le centre, tantôt avec les révolutionnaires, tantôt avec les royalistes.

M. de la gauche. Je pourrais me fâcher de l'épithète injurieuse qui vient d'échapper à l'urbanité de M. de la droite ; mais je suis forcé de convenir que le fond de sa pensée est vrai. Il n'y a pas encore un an que nous étions les favoris du ministère ; hélas! les choses sont bien changées ! on a violé ou du moins torturé la charte

____

(1) Encore une phrase ministérielle.

pour nous donner une loi d'election qui est un chef-d'œuvre d'aristocratie; décidément, le ministère s'est fait royaliste, au moins pour une grande partie de la session : certes, le côté droit n'a pas à se plaindre, trois ministres en un jour! il faut bien s'en consoler; peut-être avant la fin de l'année aurons-nous la revanche !

M. de la droite (avec vivacité). Et vous avez raison ! c'est ici le cas de dire : *timeo Danaos.* D'ailleurs, que peuvent des ministres sans portefeuille ? MM. de V.......... et C............, pour qui j'ai la plus haute estime, ont commis une grande faute en acceptant chacun un ministère *in partibus :* ils ont, disent-ils , consulté leurs amis ; à coup sûr, beaucoup d'entre eux répugnaient à ce *mezzo termine!* tranchons le mot : on a voulu arracher d'emblée les six douzièmes, voilà le but ostensible ! mais on en cache un bien plus perfide ; on espère diviser la droite. Il arrivera de la complaisante bévue de ceux que nous aimions à regarder comme nos chefs , que le centre s'augmentera d'une partie de la droite , et qu'à la fin de la session on rira des sous-ministres et de nous. Quant à M. L...., j'admire son talent, mais je suis loin de le croire attaché à nos principes. Il avait de grandes fautes à réparer, il devait en faire un éclatant aveu ; il est resté en chemin. Je crains qu'il ne soit égaré par quelque faux système qui n'est sans doute que le fruit de l'erreur.

M. du milieu. Soyez convaincu que si le ministère a pris des engagemens avec le côté droit, il les tiendra religieusement. Il est de son intérêt d'avoir une imposante majorité.

M. de la droite. En effet, il a très-bien débuté ! Ne vous souvient-il pas , Monsieur, qu'il était convenu de donner la place de questeur à l'un de nous, et qu'on a commencé la session par une infidélité ? je vous le demande : ne devrait-on pas mettre dans l'administration publique autant de loyauté qu'un homme de bien en met à administrer ses affaires domestiques ? Dieu ne nous a pas donné deux consciences.

Je n'ai pas reçu du ciel le don de prophétie , mais je peux assurer que la session se passera en changeant journellement de système, comme on voit ces flottes aériennes dont les barques vont alternativement de bas en haut. Les ministres sueront sang et eau pour manœuvrer et faire tourner la machine. Enfin, ils feront comme elle ; ils marcheront sans cesse et n'arriveront nulle part. Ainsi, M. de la gauche , vous pouvez vous consoler , votre tour viendra ; après vous avoir trouvés factieux , on nous trouvera exagérés comme en 1815 ; vous serez appelés pour donner de la force au centre ; mais si vous devenez trop méchans , ce qui pourrait bien arriver, on appellera le côté droit au secours , et l'on croira avoir au moins les talens d'un abbé *Suger* et d'un *Sully*.

M. de la gauche. J'espère en effet que le ministère en reviendra à nos principes, et même qu'il s'y fixera. Nous ne voulons que la chàrte qui a sanctionné la révolution ; nous voulons les intérèts moraux de la révolution !

Nous savons bien que si on laissait aller le côté droit, dans peu d'années il ne resterait rien de nos nouvelles institutions ; elles seules peuvent donner la vie à l'ordre social actuel. Il a besoin d'être régénéré ; partout voyez les progrès des lumières : l'Espagne , Naples , le Portugal, et peut-être.....

M. de la droite. De grâce , ancien camarade, c'est assez comme cela, vous nous mèneriez bien vite à la Chine et au Japon. En fait de crimes, l'année dernière peut compter pour deux ; et je vous dirai à mon tour que si on lâchait la bride au côté gauche , nous jouirions bientôt des douceurs de la république de 1793.

Avec leur système de bascule, messieurs du centre nous y conduisent par le chemin le plus court.

M. du milieu. Permettez-moi une observation : Quand deux partis ont embrassé des systèmes aussi opposés, il est impossible que la sagesse ait guidé l'un et l'autre et même l'un ou l'autre ; c'est donc le chemin du milieu qui qui est le meilleur. *In medio stat virtus* (1).

Vive le parti du ministère ! hors de là, point de salut ! mais avant de nous séparer, je veux vous faire une proposition.

Tous trois, nous critiquons les deux partis auxquels nous n'appartenons pas ; réunissons-nous de tems en tems dans ce local pour discuter sans aigreur et surtout sans personnalités ; bien entendu que nos entretiens doivent être confidentiels. Je vous indique pour notre prochaine réunion le samedi 20 de ce mois. Je n'y manquerai pas , fussé-je invité chez un ministre.

M. de la gauche. J'y consens.

M. de la droite. Je le veux bien aussi, mais

____

(1) Encore un axiome ministériel.

avant de nous quitter, buvons un verre de marasquin à la santé du Roi.

— Adopté.

(On sert le marasquin : M. de la droite prend son verre
d'une main ferme, et le porte à la bouche en pronon-
çant très-distinctement ces mots : *A la santé du Roi!*
M. du milieu, qui dans sa vie a porté plus d'une santé,
prononce aussi très-bien : *A la santé du Roi!* Quant
à M. de la gauche, il met beaucoup moins de vivacité dans ses mouvemens et moins de force dans ses
paroles, en sorte que le mot *Roi* semble expirer sur
le bord du verre.)

Ces messieurs se retirent, j'en fais autant, et
je m'y prends avec le garçon qui m'avait servi,
de manière à ce que mon petit cabinet me soit
réservé pour le jour indiqué.

DEUXIÈME DÎNER.

Je fus exact à me rendre le 20 janvier chez mon restaurateur ; mon cabinet était disponible. Il était près de six heures, je n'attendis pas long-tems les trois honorables membres. M. de la droite commence la conversation :

Si j'avais bien réfléchi, dit-il, lors de notre dernière entrevue, je n'aurais pas accepté le rendez-vous pour aujourd'hui. Je viens de Saint-Denis, je suis navré de douleur. (1) La lecture du testament de l'infortuné Louis XVI me fait toujours une impression difficile à décrire. Il me semble que je vais être aussi vertueux que le roi-martyr, et qu'en même tems ce soit pour moi un devoir d'étouffer les révolutionnaires qui l'ont tué. Je les vois toujours prêts à en faire autant de tous les monarques légiti-

(1) Il faut rappeler ici que la cérémonie expiatoire fut fixée au 20 janvier, attendu que, cette année, le 21 se trouvait être un dimanche.

mes; je pleure et je dis : Oh les scélérats! les monstres! les!.....

M. du milieu. Du calme, mon cher collègue, de la modération; les douleurs ne peuvent pas être éternelles. Ce crime, car c'en était un, est déjà bien loin de nous. La charte d'ailleurs l'a couvert du voile de l'amnistie. *Oubli et union;* telle doit être notre devise!

M. de la droite. Ce mot, *oubli*, est encore un de ceux dont on abuse. Dieu nous a donné la mémoire pour nous donner de la prévoyance; et je regarde comme atteints de démence ceux qui sont privés de cette heureuse faculté. Je ne puis oublier un fait atroce qui se représente sans cesse à ma mémoire, pas plus que je ne saurais être insensible à une douleur physique. Le mot *oubli* n'est donc pas le mot propre, il ne peut être pris qu'au figuré et signifie *pardon*. Dites-moi que, par des considérations puisées dans les circonstances, le crime est pardonné, je vous entendrai, et je conviendrai que les coupables ne peuvent pas être poursuivis en justice; mais il n'est pas de puissance au monde qui puisse me faire oublier un forfait aussi abominable.

L'impitoyable histoire, l'histoire qui est la mémoire des nations, ne l'oubliera jamais; elle saura faire la part de la saine politique qui pardonne, et du scélérat qui reçoit le pardon.

Quant à l'*union*, il semble qu'on veuille faire à tous les Français l'injure de ne pas les croire capables d'apprécier la valeur des mots. Je crois, Dieu me pardonne, que c'est dans le ventre, ou, si vous l'aimez mieux, dans le centre qu'a été conçue cette idée sublime : *oubli et union ;* ce qui veut dire en d'autres termes : Ne vous ressouvenez de rien, unissez-vous avec les sots qui laissent miner le trône, et avec les brigands qui veulent le renverser.

M. du milieu. Vous avez, mon cher condisciple, une originalité ou plutôt une rudesse d'expressions qui ne serait pas supportable sans la parole que nous nous sommes donnée de ne nous fâcher de rien.

M. de la gauche. Pour laisser à monsieur le tems de manger, je vais parler à mon tour : La mort de Louis XVI a sans doute été un crime, si par crime on entend une action illégale et injuste. Mais la politique a aussi ses droits ; la nation voulait la république ; qui veut la fin veut les moyens !

M. de la droite. N'achevez pas, Monsieur,

votre raisonnement est entendu, il ne me convaincra pas. Mais brisons sur le passé, parlons du présent.

M. de la gauche. Vous n'avez pas, j'espère, à vous en plaindre. A peine l'année est-elle commencée qu'on vous donne deux directions générales !

M. de la droite. Oui, c'est une suite des arrangemens pris pour obtenir une majorité certaine ; les contributions indirectes à un député du côté droit, et les domaines à un du centre ; tous deux hommes d'honneur, tous deux attachés à la monarchie ! Mais je doute qu'ils aient le pouvoir et même le degré de fermeté nécessaires pour nettoyer leurs administrations (1) ; il faudrait un Hercule par département.

M. de la gauche. Au moins vous ne vous plaindrez pas de la composition du bureau ?

M. de la droite. Soit ; deux royalistes et deux ministériels, puisque dans une monarchie on est venu à cette distinction qui est un vérita-

---

(1) Ces Messieurs n'ont obtenu leurs places qu'à la condition de ne faire aucun changement dans les bureaux. Les instructions ministérielles à la suite des ordonnances de nominations, indiquent suffisamment qu'ils n'auraient encouru aucun blâme en expulsant le peu de royalistes qui existaient.

ble *non sens.* C'est encore une suite des arrangemens pris dans certaine réunion..... Tout en rendant justice à ceux qui la composent, je dirai que ces messieurs font bien du mal. M. de V...... aurait dû se rappeler les indécentes diatribes lancées par les feuilles ministérielles, à l'occasion des fêtes qui eurent lieu à Toulouse en 1816.

M. Corb..... n'aurait pas dû oublier qu'au moment des élections de 1817, le télégraphe avait dit : *Plutôt le diable que Corb*.....

Or, je doute qu'une réconciliation avec le diable puisse être sincère : *timeo Danaos.* Vous voyez que je suis modéré, car j'aurais pu me servir d'une expression plus pittoresque.

M. du milieu. Tudieu, quelle modération ! Vraiment les ministres vous en sauront bon gré ; vous pouvez compter sur la première direction générale vacante : un modéré comme vous !..... *dignus es intrare.* Je ne sais si le général Donnadieu n'aura pas aussi un brevet de modérantisme. Je lui vois échoir un portefeuille tout entier : il ne sera pas *in partibus.*

Raillerie à part, ne trouvez-vous pas son discours sur la demande des six douzièmes beaucoup trop fort, et surtout intempestif?

Plusieurs collègues de la droite partagent mon opinion.

M. de la droite. Je sais que messieurs du centre ont, comme les ministres, les yeux fort délicats, et que le grand jour de la vérité les blesse ; mais enfin il fallait rompre la glace ; il fallait savoir si on voulait donner à la marche des affaires un mouvement de rotation monarchique ; il fallait bien, puisque plusieurs d'entre nous s'étaient laissés leurrer, qu'une partie de la droite, réduite à une faible majorité, restât attachée aux principes qu'elle avait défendus avec tant de gloire depuis quatre ans.

Intempestif! c'est le terme d'argot. C'était au contraire le moment, puisque nous en étions à la première discussion.

Je vais cependant vous faire une concession, car je suis dans mon jour de modération : j'aurais désiré que le général ne parlât point de l'affaire de M. de Châteaudouble.

M. du milieu. On n'est pas plus complaisant.

M. de la droite. Vous raillez ; mais vous allez être convaincu que ce discours nous a donné la preuve de la bonne foi du ministère. Il fallait y répondre, et c'est ce qu'a voulu faire M. P..... Ce qu'il y a de plus clair dans son homélie, c'est que lui et ses collègues sont contens d'eux-mêmes, qu'ils se trouvent bien dans leurs places et qu'ils veulent y rester. *Les ministres du Roi ne se retireront pas.* M. P..... parle en homme satisfait de la fusion qui s'est opérée d'une partie de la droite avec le centre ; il a gagné son procès, il restera ministre, ses collègues resteront en place, et le vaisseau de l'Etat continuera d'être conduit par ces pilotes qui ne connaissent pas même la boussole. Ils se frotteront les mains et diront : *Que nous sommes d'habiles gens! Nous avons encore trompé les royalistes ; ils ne sont bons qu'à cela!* Pour moi, je suis bien sûr de n'être jamais l'objet ou le sujet des complimens qu'ils s'adresseront.

Victrix causa diis placuit, sed victa Catoni.

M. du milieu. Mais qu'avez-vous donc tant à reprocher à ce ministère ?

M. de la droite. Précisément tout ce que lui reproche le général Donnadieu ; relisez son discours. J'appuierai principalement sur l'impunité accordée au crime ; voyez le résultat de l'affaire relative aux troubles de juin dernier. Cependant le trône avait été menacé, la charte violée, la capitale en proie à des désordres qui ont duré huit jours. Ou la police est aveugle, ou on lui a ordonné de fermer les yeux. L'impunité, mon cher collègue, est plus dangereuse que le crime même ; c'est par l'impunité que l'assemblée constituante a commencé la révolution. C'est le plus grand fléau des nations ; elle annonce et prouve en même tems la faiblesse et la décrépitude des gouvernemens.

M. du milieu. La procédure criminelle est sujette à des formes ; les ministres ne peuvent pas diriger la conscience des jurés, et la charte.....

M. de la droite. Je respecte beaucoup la charte, mais elle n'existe qu'en charpente ; le corps du bâtiment est à faire ; elle attend des institutions fortes et monarchiques. Vos lois sont si faibles, que rarement elles atteignent les coupables ; et vous verrez que la conspiration militaire du 19 août s'en tirera avec les honneurs de la guerre. Puisque vous vous identifiez avec un ministère à bascule, je vous déclare que vous risquez, trois ou quatre fois par an, le sort de la monarchie et la vie de nos princes. Vous haïssez cordialement les royalistes, vous n'aimez pas les jacobins, vous aimez...... vos places ; vous briguez les faveurs pour vous et les vôtres.

M. du milieu. Vous êtes sévère, Monsieur ; mais je ne me fâcherai pas ; peut-être que M. de la gauche ne sera pas aussi endurant.

— Vous vous trompez, Monsieur, interrompt brusquement M. de la gauche ; j'adopte, quoique dans un sens contraire, une grande partie de ce qu'a dit le général Donnadieu. On nous avait promis des institutions constitutionnelles adaptées aux progrès de la civilisation. Qu'a-t-on fait ? on a déchiré le code électoral qui était, sous ce rapport, le complément de la charte. Le but actuel des ministres est d'obtenir une majorité factice, par une apparente liaison avec le côté droit qui le jugulera s'il n'y prend garde ; mais cette liaison sera moins durable que leur précédente alliance avec ce parti ; ils reviendront à nous par la seule force des choses. D'ailleurs, les lumières ne peuvent pas rétrograder.

Si nous sommes prudens, au prochain tour de bascule nous pourrons fixer cette alliance ; cependant j'avoue (car je suis aussi dans mon jour de concessions), que, lorsque nous avons le vent favorable, plusieurs de nos orateurs vont beaucoup trop loin et surtout trop vite.

Il y a, parmi nous, des ambitieux qui voudraient avoir des portefeuilles, des directions; ils ne voient pas que le véritable intérêt du parti serait de cajoler les ministres, afin d'en obtenir ce que nous désirons. Par ce moyen, nous arriverions à former la majorité, et je compte bien sur messieurs du centre, quand le ministère aura fait volte-face de notre côté.

M. du milieu. Ainsi vous comptez le centre pour rien? c'est cependant lui qui règle les destinées de la France, et cela doit être ; car c'est là qu'on trouve la modération et la sagesse ! à l'aide des ministres, nous savons tenir la balance entre les deux partis.

M. de la droite. Et voilà justement l'effet de votre bascule! le centre n'a pas de force par lui-même ; il l'emprunte tantôt à droite, tantôt à gauche. Quant à moi, je n'ai pas été dupe du rapprochement éphémère qui s'est opéré ; mais peut-être, avant la fin de la session, ceux des nôtres qui paraissent s'être fiés aux ministres feront-ils un éclatant aveu de leur erreur? Il faudra la leur pardonner en faveur de leurs bonnes intentions ; on pardonne bien au crime quand il est sincèrement repentant.

M. du milieu. Bravo! voilà de la modération!

M. de la droite. Remarquez bien, s'il vous plaît, que j'ai dit *pardonner* et pas *oublier.* Ne me faites pas plus modéré que je ne le suis ! je veux qu'on sache que j'ai de la mémoire ; je sais *le Moniteur* par cœur. Voulez-vous que je vous rende compte de toutes les espiègleries révolutionnaires, à commencer par celles de ce bon M. Necker ?

M. du milieu. Faites-nous en grâce ; *le Moniteur* m'ennuie, je ne lis que *l'Etoile* et *le Journal de Paris.*

M. de la droite. Je le crois bien, ce sont deux journaux soldés par les ministres ! Le rédacteur des articles politiques du *Journal de Paris* s'est fait la réputation d'une marchande de modes qui travaille suivant le goût du jour. Les ministres veulent-ils du *blanc ?* vite un article qui a une teinte assez prononcée de royalisme ! veulent-ils du *modéré ?* vient un article d'un brun foncé assez passablement ennuyeux ! enfin leur faut-il du *tricolore ?* dès le lendemain, un article d'un constitutionnel renforcé ! Il faut convenir que c'est ce qu'il y a de mieux, parce que, dans ce cas, l'auteur écrit dans sa langue naturelle. Quant à *l'Etoile,* cette aimable feuille n'a été imaginée que pour dénaturer nos séances.

M. du milieu. Toujours des méchancetés, collègue ; mais l'heure s'avance, je vais en soirée rue Neuve-des-Capucines.

M. de la droite. Allez-vous prendre des instructions ? Retenez-les bien........ A quand notre réunion ?

M. de la gauche. Je m'absente tout le mois prochain.

— Eh bien, au 6 mars.

— Soit.

Ces Messieurs se retirent, je ne tarde pas à les suivre.

TROISIÈME DINER.

—

LES trois honorables membres n'avaient pas oublié le jour et l'heure du rendez-vous; j'arrivai presque en même tems à mon cabinet.

La conversation fut d'abord générale, mais elle eut bientôt pour objet exclusif la politique.

Le pétard du 27 janvier et les autres qui, pendant plusieurs jours, avaient répandu l'alarme dans la capitale, fournirent à M. de la droite l'occasion de parler avec force contre la révolution et ses disciples.

Il est interrompu par M. du milieu, qui s'exprime en ces termes : « C'est un crime sans doute ; mais le Roi, dans sa bonté, a bien voulu n'y voir qu'une *insolence !* Au surplus, Sa Majesté a été convaincue, par les adresses qui lui ont été présentées, combien les chambres et la nation entière ont été indignées d'un pareil attentat. »

M. de la droite. Vous ne dites pas tout ;

vous ne dites pas que les ministres ont com-primé notre juste indignation , et que sans un petit mouvement de bascule les adresses eussent été plus vigoureuses ; mais les ministres sont d'une douceur, d'une bonté.... Ils ne veulent pas savoir qu'au Roi seul appartient la clémence, et qu'ils ne peuvent pas, sans prévariquer, arrêter l'effet du glaive de la justice. Cet attentat restera impuni comme les autres ; celui qui paraît en être le principal auteur s'est tué : c'est une manière sûre de se dispenser des révélations !

M. de la gauche. Et moi , je désirerais que les coupables fussent connus. L'attentat du 27 janvier n'est nullement l'ouvrage du parti qu'on a jugé convenable d'en accuser. Il est, au contraire , prouvé que déjà la justice, après les plus exactes recherches , est sur la voie. Le papier qui enveloppait le pétard *était une feuille des fameuses notes secrètes destinées pour le congrès d'Aix-la-Chapelle* (1).

M. de la droite. Voilà du B. C... tout pur. Moi, je vais vous donner du Girardin : *La souscription de Chambord est une violation de*

(1) Discours du général Foy et de M. Benjamin Constant des 6 et 12 février.

la charte. **Du Lameth :** *Je m'honorerai tou-jours de parler de l'assemblée constituante, et jamais je n'aurai à en prendre la défense hors de cette enceinte.* (Séance du 2 février.)

Voulez-vous du Manuel ? *La révolution sera appelée en France, comme en Angleterre, l'heureuse révolution.* (Séance du même jour.)

Du Foy, du Tarayre ? *Toutes les libertés du peuple sont suspendues.* (Idem.) *C'est par les principes démocratiques que les rois ont conso-lidé leur existence.* (Idem.) *La nation fran-çaise rétrograde à pas honteux sous la verge de l'arbitraire.* (Idem.) *La minorité trouve-rait hors des chambres d'énergiques auxiliai-res.* (Idem.)

Du Chauvelin, du C. Perrier ? *La nation espagnole a-t-elle dérogé à son héroïsme en s'unissant à son roi pour établir sa liberté ?*

Les monarques de l'Europe mandent à leur barre le monarque de Naples, qui s'était gé-néreusement uni à son peuple. Leurs mesures diplomatiques ont pour but de dégrader l'es-pèce humaine.

Du Lafayette ? *Ce que nous avons condamné pendant vingt-cinq ans, nous ne pouvons le condamner aujourd'hui.*

Vous ne respectez pas l'indépendance de Naples.

Que les ministres réfléchissent qu'ils sont responsables envers l'armée.

Enfin voulez-vous du....?

M. du milieu. En voilà bien assez comme cela ; tudieu, quelle mémoire !

M. de la droite : Elle n'est pas mauvaise ; il serait à désirer que les ministres en eussent autant que moi, ils auraient peut-être plus de prévoyance ; ils verraient où nous mènent ces principes de révolte si impudemment débités à la tribune, ces appels à l'insurrection dans toute l'Europe... Je ne sais si je me trompe, mais j'entrevois une catastrophe prochaine. A quand la conspiration, M. de la gauche ? vous devez en savoir quelque chose.

— Vous avez, Monsieur, un ton de plaisanterie si amer, que je ne devrais pas vous répondre. Mais, de bonne foi, n'est-il pas tems que les peuples soient émancipés ? Le progrès des lumières n'est-il pas tel qu'elles doivent dissiper tous les préjugés des tems de barbarie et d'ignorance ? Quelques familles privilégiées auront-elles le droit de nous regarder comme des troupeaux ?

M. de la droite. Soyez aussi de bonne foi; et convenez qu'à l'instar de vos devanciers vous prétendez exclusivement aux priviléges ! Ainsi, pour satisfaire vos vœux, il nous faudrait une petite insurrection à la *Quiroga.*

M. de la gauche. Je ne dis pas cela ; nous avons une charte, il faut bien s'y soumettre ; mais si la nation se levait en masse, et faisait usage de sa souveraineté, si...

M. de la droite. Oh! nous y voilà ; la souveraineté du peuple, le dogme le plus insensé !

M. du milieu. J'avoue qu'un pareil principe entraîne de trop graves inconvéniens ; car il faudrait savoir dans quelles circonstances le peuple aurait le droit d'en faire usage. Obéissons aux lois qui nous régissent, et surtout point de réaction ! Il est même quelquefois prudent de faire des concessions : c'est pour n'en avoir fait aucune que le côté droit de l'assemblée constituante a perdu la monarchie.

M. de la droite. Voilà de l'évangile selon le citoyen comte et général Carnot qui a osé dire, dans sa lettre au Roi, que les émigrés avaient tué Louis XVI. C'est, au contraire, de concessions en concessions qu'on tombe dans l'abîme ; c'est le char qu'on fait descendre et qu'on ne peut arrêter. Telle a été la marche de l'assemblée constituante, telle a été celle de sa digne fille l'assemblée législative.

Les honnêtes gens de cette seconde assemblée (car il y en avait) se trouvaient dans une fausse position ; leurs talens et leur dévouement ne pouvaient les en tirer. Ils étaient là par suite d'un principe faux ; il fallait en subir les conséquences. Aussi le 10 août renversa-t-il, après dix mois d'une existence douteuse, la constitution et les constitutionnels ; aussi la moindre concession faite à MM. les libéraux, qui sont tout bonnement les jacobins de cette époque , entraînerait - elle promptement la chute de la monarchie. De là une seconde république, et de là un second usurpateur qui n'aurait, pas plus que le premier, de respect pour les droits de l'homme, fussent-ils commentés par M. M.... de V... Nos fiers républicains iraient fléchir le genou devant Buonaparte second !

Les concessions annoncent la peur, et la peur est un mauvais conseiller. De la fermeté, morbleu, et les méchans reculeront.

Mais les ministres ressemblent à ces oiseaux qui se cachent derrière un arbre pour ne pas voir le chasseur ; le danger qu'ils n'ont pas l'esprit de prévoir n'en est pas un pour eux. Les avertissemens leur arrivent de toutes parts; les discours séditieux de la tribune révèlent les projets des méchans; les absolutions scandaleuses les dénoncent, des brochures plus scandaleuses encore les prouvent; mais non, rien n'émeut leur impassibilité : *Nous resterons*, voilà leur refrain.

Oui, ils resteront jusqu'à ce qu'ils soient chassés par les jacobins, et ils diront comme en 1815 : *On n'avait pas prévu.*

En 1821, tous les royalistes prévoient, qui plus est, ils voient; mais le ministère veut rester aveugle.

M. du milieu. Toute votre prévoyance pourrait bien n'avoir qu'un but, celui d'accaparer les places; c'est là que le côté droit veut en venir.

M. de la droite. Ceci demande une explication. Le côté droit désire sans doute que les ministres soient choisis parmi les royalistes purs; mais il lui est indifférent que ces royalistes soient ou ne soient pas députés. Le côté droit désire enfin que le vaisseau de l'Etat soit confié à des pilotes monarchiques, et non à des hommes qui veulent gouverner suivant les intérêts moraux de la révolution.

Il se peut que quelques-uns d'entre nous se croient les talens propres à remplir les plus hautes places : ce sont des ambitions particulières et peut-être légitimes qu'il ne nous appartient pas de satisfaire ; ce qui nous importe, c'est un ministère royaliste. Il nous faut des hommes sages, dévoués et fermes, qui ne sachent pas reculer devant le danger. On peut en trouver hors de la chambre comme dans la chambre ; tous les talens ne s'y trouvent pas concentrés.

Que les ministres nous fassent le méchant tour de céder leurs places à des royalistes non députés, tout le côté droit criera : Vivent les ministres.... sortans.

Quant à ceux qui ne sont pas encore sortis, je vous le répète, ils ne peuvent pas faire le bien : l'impitoyable *Moniteur* est là, il a une mémoire... Vous m'entendez, Monsieur du milieu?

— Très-bien, Monsieur, et M. de la gauche vous entend aussi.

M. de la gauche. Nous sommes peu contens du ministère actuel, mais nos orateurs vont trop loin, et je suis persuadé qu'ils seraient encore plus exagérés si jamais les ministres étaient choisis dans un parti toujours vaincu :

je ne répondrais pas alors de la tranquillité publique, l'exaspération s'en mêlerait et pourrait gagner la nation et l'armée.

M. de la droite. Allons donc, M. de la gauche, vous me faites rire avec votre parti vaincu et votre exaspération. Ce sont des expressions renouvelées de M. de C.

Vous êtes des tigres quand vous êtes les plus forts ; vous montre-t-on les dents ? il n'y a pas de trou de souris, si étroit qu'il soit, qui ne puisse vous cacher.

M. du milieu. Toujours des expressions dures, mon cher ; vous fâcheriez notre collègue s'il n'avait pas l'esprit aussi bien fait. Imitez l'urbanité de M. le garde-des-sceaux : il est monté à la tribune ces jours derniers, il a pulvérisé les mauvaises doctrines, mais il a respecté les personnes.

M. de la droite. Il est vrai que ce jour-là sa grandeur était dans sa bonne quinzaine ; mais elle est sujette à des fluctuations ; son *jamais* est synonyme de *demain :* au surplus je l'ai imité, je ne me suis permis aucune personnalité.

M. du milieu. Soit, il est très-facile de déblatérer contre les ministres ; mais s'ils ne s'étaient pas conduits avec une rare prudence et s'ils n'avaient pas été soutenus par une partie de votre côté droit, vous auriez vu reparaître sur la scène un personnage qui a bien autrement le malheur de vous déplaire ; et , à vous dire vrai , je crois que de son côté il ne vous hait pas médiocrement.

M. de la droite. Je sais très-bien qu'on a voulu nous en faire la peur. J'ignore si c'est une facétie ministérielle, ou si cela ne vient pas de quelques personnes déjà honteuses du rôle qu'on leur fait jouer. De la faiblesse à la dissimulation , et de la dissimulation à la fausseté, il n'y a qu'un pas. Je serais désolé que cela fût vrai , j'aime mieux les croire dupes. En tout cas, le danger eût-il été réel, il fallait savoir le braver. Je ne pense pas que l'homme dont vous parlez ose jamais reprendre ostensiblement le timon des affaires. Les ministres eux-mêmes le redoutent malgré leur flexibilité et quoique tous soient placés par lui. Dans un de ces momens d'humeur auxquels il est sujet, il pourrait fort bien les faires renvoyer ; or , ces messieurs *veulent rester,* ils nous en ont fait la confidence ; ils veulent sauver l'Etat ! Le côté gauche n'aura pas le plaisir de revoir son bon ami, son protecteur.

M. de la gauche. Nous savons à quoi nous

en tenir sur cette amitié. Brouillé avec le côté droit, le ministre dont vous parlez a cherché des créatures dans le côté gauche; il les a même fait choisir parce que le centre ne suffisait pas. Mais tout ceci n'est qu'un attachement de courtisan qui dure vingt-quatre heures, quelquefois moins. Nous connaissons l'homme, il veut faire le Mazarin, il n'en est que le singe! cependant s'il revenait en place, nous sommes tout et tous à lui, car il peut nous servir; d'ailleurs nous exigerions des garanties et nous ne sommes pas *gens à nous laisser leurrer par des promesses.*

La naïveté peu ordinaire de M. de la gauche fit beaucoup rire ses deux collègues; mais il était tard, on se sépara en fixant la réunion au 8 avril.

QUATRIÈME DINER.

—

J'AVAIS une invitation pour ce jour, mais je me dégageai et je gagnai mon cabinet à l'heure convenue. M. du milieu se faisait attendre, ses collègues commençaient à murmurer, lorsqu'il parut avec l'air d'un homme irrité ; ce n'était pas sans cause.

Son domestique lui avait fait un vol assez considérable tant en argent qu'en objets précieux qu'il avait cachés dans un coin de l'écurie ; mais tout avait été découvert, et M. du milieu raconta qu'il avait chassé le coupable en lui disant : *va te faire pendre ailleurs.*

Sur cette phrase qui sentait la féodalité, M. de la gauche fit observer que nos mœurs étaient améliorées et qu'on ne pendait plus.

— Dont bien me fâche, dit M. de la droite. C'était le bon tems quand on pendait, il faudrait y revenir. Je ne peux m'habituer à voir des scélérats comme Louvel mourir de la même manière que notre second saint Louis.

M. du milieu. Vous rappelez toujours des souvenirs amers ; je ne saurais trop vous engager à oublier les malheurs et même les crimes de la révolution. *Union et oubli.*

A l'instant où M. du milieu prononçait ces derniers mots, le garçon entre et lui remet une lettre qu'il dit très-pressée. Elle était du domestique qu'il venait de chasser ; il demandait à rentrer et faisait les plus belles protestations de fidélité et de dévouement.

Non pas, dit M. du milieu, j'ai été trompé une fois, cela peut arriver à tout le monde ; mais il n'y a que des nigauds qui se laissent attraper deux fois par la même personne.

M. de la droite (en souriant). Je suis parfaitement de votre avis, c'est d'un homme prudent ; pourquoi donc votre conduite, permettez-moi de vous le dire, est-elle en opposition avec les principes que vous manifestiez à l'instant même. Vous parliez *d'oubli et d'union.* Vous n'oubliez pas, vous n'en êtes pas le maître, mais vous pardonnez, peut-être faites-vous bien. Le gouvernement devrait suivre votre exemple, et ne pas se servir de gens qui l'ont trompé plusieurs fois. Il faut être bien nigaud (je me sers de vos propres expressions) pour se laisser tromper une seconde fois, à plus forte raison pour être dupe une troisième.

M. du milieu. Il existe une grande différence entre la conduite que doit tenir un gouvernement et celle que doit garder un père de famille. De hautes considérations commandent en certains cas un oubli absolu, mais elles ne doivent pas s'appliquer aux affaires domestiques.

M. de la droite. Un oubli absolu ! dites donc un silence absolu ! Vos *hautes considérations* sont des termes ministériels pour masquer le vide du raisonnement ; il n'y a pas deux morales.

L'éternelle morale, celle qui nous vient du Ciel, est obligatoire pour les gouvernans comme pour les gouvernés ; la justice est le devoir des uns comme elle est le droit des autres. Sans elle, la société n'est qu'un chaos, ou plutôt il n'y a plus de société. Dans des siècles de barbarie, c'est le plus fort qui fait la loi ; dans un siècle de lumières comme le nôtre, c'est le plus fripon.

L'absence de justice est le moyen le plus prompt de démoraliser les peuples : n'avez-vous pas été, comme moi, scandalisé du procès de *Sauquaire-Souligné* et de *Goyet?* l'impudence des accusés a été surpassée par celle de certains témoins du côté gauche. Et quel rôle a-t-on fait jouer au président du conseil des ministres et à un ancien préfet? où diable ces messieurs vont-ils chercher leurs amis ? Je ne voudrais pas pour beaucoup avoir reçu une pareille mystification.

M. de la gauche. Cependant les accusés ont été acquittés.

M. de la droite. Sans doute ; avec un gouvernement à bascule où ce qui était vrai hier ne l'est plus aujourd'hui, vous trouverez rarement des jurés assez fermes pour condamner ; on craint les réactions, on cède aux menaces ; et ce n'est plus un secret que, dans cette affaire, des jurés ont reçu des lettres comminatoires.

Enfin, dans quelles circonstances cet acquittement a-t-il été prononcé ? remarquez-en la date, c'est le 16 mars ! On venait de recevoir la nouvelle de l'insurrection du Piémont ; les frères et amis faisaient courir le bruit que les Autrichiens avaient été battus par les Napolitains ; des Espagnols-Français devaient descendre des Pyrénées et faire arborer la *glorieuse cocarde tricolore* aux départemens voisins ; tout était préparé pour les insurrections de Grenoble et de Lyon. Ces messieurs comptaient si bien sur une victoire prochaine, que déjà ils avaient composé leur ministère. Le gouvernement, informé de ce qui se passait, périssait sans se débattre ; on imprimait, on réimprimait sous ses yeux la constitution des cortès et celle de 1791 ; les victimes étaient désignées.

Le seul remède que le ministère crut devoir apporter à un mal aussi grand, il le prit dans sa faiblesse ; il présenta la loi sur les dotations pour calmer les libéraux de la chambre.

M. de la gauche. Nous le savions très-bien, mais nous n'étions pas dupes : si les événemens avaient pris une autre direction le ministère sautait, et c'est parmi nous que se trouvaient les remplaçans.

M. de la droite. Tout ceci prouve que le côté gauche est beaucoup plus conséquent que le centre. La souveraineté du peuple, voilà son principe ! tout détestable qu'il est, il n'en dévie pas. Mais le centre n'ose pas se prononcer ouvertement contre ; la seule chose qu'il adopte, c'est la *neutralité* qui est le mot d'ordre du ministère, comme si on pouvait être neutre entre le juste et l'injuste. A peine a-t-il pris couleur dans les affaires de Naples et du Piémont ! il craignait d'offenser les factieux d'Italie. Il n'a pas répondu aux membres du côté gauche quand ceux-ci, tout en *bondissant de joie*, parlaient de *l'héroïque Espagne*, du *valeureux Pépé*, quand ils se permettaient les propos les plus outrageans contre les souverains assemblés à Laybach, et quand ils prophétisaient que les Autrichiens ne sortiraient pas des Abruzzes. On doit se rappeler la séance du 20 mars, c'est un anniversaire pour les frères et amis.

Si M. Roy a daigné dire quelques mots dans cette occasion, c'était tout bonnement sous un rapport financier et dans l'intérêt de la rente. Nos ministres n'aperçoivent que la matérialité des événemens, la moralité leur en échappe. Enfin, sans le courage du général Pamphile de Lacroix, nous courions le risque de redevenir républicains ! Mais depuis lors nos ministres ont repris haleine ; ils sont tout glorieux d'avoir gagné une bataille qu'ils n'ont pas livrée ; ils sont tout fiers de ne pas avoir été battus !

M. du milieu. Vous voyez qu'avec de la prudence on obtient souvent une victoire qui serait refusée à la force.

M. de la droite. La prudence de nos gouvernans n'est que de la timidité ! Ils reculent devant le danger, et ils attribuent à leur circonspection les événemens heureux qui retardent la chute de la monarchie. Je suis convaincu que, dans le moment actuel, ne voulant pas encourir l'entière disgrâce de leurs chers libéraux, ils en sont à savoir si on accordera ou si on refusera le passage aux alliés pour aller mettre *Quiroga* et les siens à la raison, et pour replacer sur le trône un Bourbon.

M. de la gauche. Ah! par exemple, cela serait un peu fort! Oubliez-vous, Monsieur, que la révolution d'Espagne est l'ouvrage de la nation qui a recouvré ses droits? Elle est aussi l'ouvrage du roi qui s'est loyalement réuni à son peuple.

Faire la guerre à l'Espagne! ce serait attaquer l'indépendance des nations!

M. de la droite. Dites plutôt l'indépendance d'une poignée de brigands qui tiennent leur roi prisonnier. Nos ministres en savent làdessus autant et plus que moi; mais ils tremblent. Pour tuer le libéralisme en Espagne, il faudrait le tuer en France : c'est là qu'en est la tête! et pour le tuer en France, il faudrait quitter la place; car le respect pour la morale et pour l'opinion ne permettrait pas à certaines personnes de se montrer en public , en découvrant les stigmates de l'infidélité ou de l'ineptie.

Il n'appartient pas aux signataires de l'acte additionnel, aux provocateurs de l'ordonnance du 5 septembre , aux auteurs de la loi d'élections de 1817 , enfin à tous ceux qui ne peuvent pas lire *le Moniteur* sans rougir , d'étaler deux maximes purement monarchiques ; on leur rirait au nez , on ne manquerait pas de leur dire :

« Vous mentez à présent, ou vous mentiez tantôt. »

Ce *Moniteur* est un terrible personnage ; il a une mémoire imperturbable.

M. du milieu. Il paraît que la vôtre n'est pas mauvaise ; mais , pour en revenir à l'Espagne , savez-vous si la politique permet de se mêler de ses affaires ? Avant de penser aux Espagnols , il faut penser à nous ; est-on bien sûr que les mécontens ne feront pas une diversion ? est-on bien sûr des troupes ?

M. de la droite. Voilà un singulier aveu. C'est convenir que depuis cinq ans vous avez tout fait dans un intérêt inverse de celui de la monarchie ; et vous appelez cela de la politique ? c'est du crime !

M. de la gauche. La France est toute roya-liste ; j'entends royaliste constitutionnelle. Elle ne peut pas empêcher ses voisins de se donner la constitution qui leur plaît. J'ignore si les alliés avaient le projet d'aller en Espagne ; mais il y a lieu de croire que les affaires de la Grèce auront fait abandonner ou au moins ajourner ce projet.

M. de la droite. Vous m'éclairez.

Il est donc avoué, ce secret plein d'horreur !

Ainsi, le comité directeur voulait faire insurger le Piémont pour opérer une diversion en faveur de Naples, et il faisait insurger la Grèce pour opérer une diversion en faveur de l'Italie.

Le plan est beau ; il est vaste, il est digne de *Minerve.*

Cependant il est fâcheux que le Piémont ait commencé trop tard, et que les Grecs n'aient pas commencé plus tôt.

Quelques pièces d'artifice ont manqué : il fallait plus d'ensemble.

A quoi tiennent les destinées des empires ! L'imagination est effrayée de ce que seraient devenues la France et toute l'Europe s'il y avait eu plus de concert dans les mesures.

Mais dites-moi, M. du milieu : qu'ont fait les ministres pour empêcher ces menées criminelles ? On agit sous leurs yeux, on débite à la tribune les propos les plus incendiaires, *oculos habent et non vident, aures habent et non audiunt !*

Et nos agens à l'étranger, qu'ont-ils fait ? que font-ils ? Tout ce monde-là prend donc de l'opium, et dort plus fort que M. de Lafayette ? Si le général Lacroix eût dormi, c'était une affaire faite ! n'est-il pas vrai, M. de la gauche ?

Celui-ci sourit, et M. du milieu répond :

Vous parlez avec complaisance de ce général, et c'est avec raison ; vous savez cependant qu'il vous était suspect. A vos yeux, c'était un nouveau converti ! vous n'étiez pas content de le voir commander dans une division où la révolte s'était déjà manifestée.

M. de la droite. A la vérité, je me défie des conversions tardives ; cependant quelques-unes peuvent être sincères ; telle est celle du général Lacroix. On connaît aujourd'hui les circonstances qui y ont donné lieu, elles lui font honneur ! enfin c'est un homme de bien, et je l'estime autant que s'il eût servi dans l'armée de Condé. Mais les exceptions sont rares, le plus sage est d'agir d'après la règle ; bien entendu que je comprends dans la règle tous ceux qui se sont honorablement conduits depuis le premier retour du Roi.

M. du milieu. Personne ne peut l'entendre autrement.

(L'heure était avancée ; M. de la gauche demande la permission de se retirer pour aller rejoindre des dames à Feydeau. Les deux autres députés forment le projet d'aller au café de Foy.)

Je m'y rends quelques minutes après, et je trouve mes deux compatriotes assis à une table où était placé un député de ma connaissance. Il est du nombre de ceux qui, par amour du bien public, avaient fait, dès le commencement de la session, le sacrifice de leur opinion personnelle pour voter avec les ministres, dans l'espérance qu'ils se conduiraient monarchiquement.

Je l'appellerai M. *Prudent.* Je saluai ces trois messieurs, et je m'informai de la santé de ce dernier qui était en costume. Je me plaçai à une table voisine, où je n'aurais pas trouvé à m'asseoir sans la complaisance d'un gros personnage qui expédiait à lui seul un demi-bol de punch. Je m'aperçus bientôt que cette complaisance n'était pas tout-à-fait désintéressée.

Monsieur, me dit-il, vous connaissez ce député, voudriez-vous me dire son nom? A l'accent de l'interrogateur, je reconnus un Anglais; je lui répondis dans sa langue, ce qui parut lui faire plaisir.

Il continua la conversation en anglais, et ajouta qu'il connaissait M. Prudent de réputation, mais qu'il tenait cette année un langage un peu différent de celui des années précédentes.

Mon interlocuteur me demanda également le nom des deux autres. Je les connais aussi de réputation, me dit-il, M. de la droite est invariable; tel il a été en 1815, tel il est en 1821. Quant à M. du milieu, il est toujours le même, il ne perd jamais de vue la girouette du ministère.

Je crus alors devoir entrer dans des détails pour justifier M. Prudent; mais ils étaient inutiles, mon homme connaissait l'assemblée tout aussi bien que moi. Il ne me fut pas difficile de juger qu'il était très-*anti-radical*.

Nous causâmes long-tems, j'appris qu'il se nommait *sir Francis Freeman*; j'avais connu

à Londres des personnes de sa famille ; il s'éta-
blit entre nous une espèce d'amitié qui m'en-
gagea à lui dire où et comment j'avais dîné. Il
me pria instamment de lui permettre de m'ac-
compagner le 3o avril, jour fixé pour la prochaine réunion.

J'accédai à sa prière et je lui assignai rendez-vous au café où nous nous trouvions.

CINQUIÈME DINER.

Mon nouvel ami, sir Francis, ne manqua pas de se trouver au café de Foy à l'heure convenue ; après une courte promenade nous nous rendîmes chez Grignon.

Nous fûmes agréablement surpris de voir arriver M. Prudent avec M. de la droite ; ils furent bientôt suivis de M. du milieu.

Les trois convives attendaient M. de la gauche, et déjà ils s'impatientaient du retard, lorsque le garçon remit une lettre par laquelle ce député annonçait qu'une affaire importante ne lui permettait pas d'avoir le plaisir de dîner avec ses collègues.

M. de la droite. C'est une démission qu'il donne ! *acceptée.* Tout aussi bien, il était déplacé avec d'honnêtes gens ; il a sans doute sur le cœur le demi-aveu qu'il nous a fait *relativement à l'insurrection des Grecs.*

M. Prudent. Il faut convenir que tout est bon pour ces misérables ; ils ne sont étrangers à aucun crime, le sang est leur élément. Mais où diable prennent-ils l'argent pour remuer ainsi le monde entier?

M. du milieu. C'est une chose inconcevable! à moins de supposer que cela provient des millions que Buonaparte et sa famille ont enlevés.

M. de la droite. Cela est plus que vraisemblable; mais alors je demande pourquoi on n'a pas claquemuré tous ces princes et toutes ces princesses de hasard que je vois courant le monde? pourquoi on n'a pas réduit leur fortune à ce qu'elle devrait être suivant l'inventaire fait après le décès du père? car tout le reste est volé! C'est donc avec notre argent qu'on entretient le foyer qui doit consumer l'Europe. Et qu'a-t-on fait pour l'éteindre? Précisément tout le contraire de ce qu'il fallait faire.

On a chassé les royalistes! on a placé les jacobins! L'infidélité est devenue un titre à la reconnaissance, témoin encore le projet de la loi sur les dotations. Et ce qu'il y a de plus affligeant, c'est que nous sommes abandonnés par les nôtres!

La victoire que le ministère a remportée depuis l'ouverture de la session en vous enrôlant sous ses drapeaux (il s'adresse à M. Prudent), sera, je le crains, funeste à la monarchie. Votre conduite était bien plus honorable les trois années précédentes, où, réduits à un petit nombre de fidèles, vous défendiez le terrain pied à pied.

M. Prudent. Ne m'en parlez pas, je suis aussi fâché que vous de tout ce qui se passe. Nous avons été trompés, du moins je le crois ; on ne réalise aucune promesse, et le vent tourne à gauche.

Les événemens de Naples et de Turin avaient bouleversé les têtes ; et pour peu que l'insurrection de Grenoble eût eu quelque succès, on allait se mettre aux genoux des libéraux ; ils s'y attendaient, ils l'ont dit.

Cependant, quoique notre conduite ait pu paraître extraordinaire, vous êtes sans doute convaincu que nous étions de bonne foi, et que les deux ministres qui ont, vous le savez, entraîné notre défection, avaient le droit d'espérer beaucoup plus que nous n'avons obtenu.

M. de la droite. Il y aurait de l'injustice à ne point croire à la loyauté de l'intention. Mais quand il s'agit du salut de l'Etat, une faute a souvent des résultats aussi fâcheux qu'un crime.

Vous en avez commis une, Messieurs ; vous vous en repentirez peut-être trop tard, à moins que, par une conduite ferme dans les discussions importantes qui vont avoir lieu, vous ne regagniez ce que vous avez laissé perdre (je veux dire la considération). Je vous attends à la discussion de la loi qu'on doit nécessairement proposer pour la répression des délits de la presse, car il en faut une, la censure va expirer.

M. du milieu. Moins d'humeur, Monsieur, je vous en prie, j'aime à croire que tout ira bien ; la marche modérée du ministère me donne beaucoup d'espérances ; nos discussions vont être moins scandaleuses, au moyen des articles ajoutés à notre règlement.

M. de la droite. Comme vous voyez les choses! Moi, je dis que nous en serons plus victimes que les libéraux. Les coryphées du parti trouveront toujours le moyen de répandre leurs infâmes doctrines : cela donnera souvent au président occasion de refuser la parole à ceux d'entre nous qui se croient obligés de dire des vérités dures. J'aimerais mieux qu'on répondît franchement aux déclamations révolutionnaires de la gauche, que de voir étouffer les discussions par la clôture. Cela est devenu proverbe, comme vous savez : *le ministre de la clôture, les chevaliers de la clôture!*

M. de Castel-Bajac a supérieurement atteint la difficulté. Au surplus, il n'est pas plus permis de prêcher l'insurrection à la tribune que dans les carrefours. L'appel à la révolte est un crime de lèse-majesté européenne.

Que le ministère ait le courage de mettre ces tribuns factieux en accusation ; deux ou trois suffisent, mais il faut le vouloir sérieusement.

Régner, c'est vouloir ; vouloir, c'est régner.

M. du milieu. Le ministère serait perdu s'il ne réussissait pas.

M. de la droite. J'en conviens ; mais qu'il prenne une couleur vraiment monarchique, s'il le peut sans faire rire, et il réussira. Il aura pour lui le centre et les deux fractions du côté droit : la victoire lui est également assurée dans l'autre chambre.

Mais il montre toujours même faiblesse :

> . . . . Et ses mains incertaines
> De l'Etat ébranlé laissent flotter les rênes.

On prend même plaisir à contrarier ceux qui indiquent la bonne route.

M. Prudent. En effet, la balance est en faveur du côté gauche ; le général S......... ne l'a pas caché ces jours derniers : *Le vent est fa-*

vorable, le ministère revient à nous. (Séance du 28 avril.)

Ainsi la paix est faite entre les gouvernans et le côté gauche qui leur tend les bras ; car le côté gauche n'est pas difficile quand on lui accorde ce qu'il veut, sauf ensuite à étouffer les ministres ; c'est la règle ! Pour mieux cimenter l'union, on avait sacrifié une victime ; elle était mal choisie, c'était *Bergasse !* mais quand on l'a offerte on avait peur. Ce mot explique tout : la peur était passée quand l'arrêt a été rendu. On a cru devoir se soumettre à la honte d'un jugement qui n'a pas mis les rieurs du côté des ministres. Mais ils sont habitués à ces petits désagrémens, ils les cherchent même ; car lorsqu'ils font introduire des procédures en sens inverse contre de véritables factieux, ils ne négligent rien pour que les coupables échappent. Ils croient se grandir quand ils rapetissent la monarchie ! La modération est toujours le refrain ; c'est le fond de la langue.

Le 20 mars a été le fruit de la faiblesse déguisée sous le nom de modération ; maintenant elle est érigée en système.

M. du milieu. Allons, Messieurs, donnez-vous en, faites comme si je n'y étais pas.

M. de la droite. Grand merci de la permis-

sion ; je vais en user, car j'ai encore à reprocher un bien grand crime à MM. les libéraux,
et une bien grande faute aux ministres : je veux
parler de l'enterrement de l'agent de change
Manuel.

En obéissant aux canons, l'archevêque dé-
fend expressément que le cadavre d'un homme
tué en duel soit présenté à l'église ; mais comme
la religion dominante est *la seule pour laquelle
il n'y a point de tolérance*, les frères et amis
commandent le peuple souverain, et celui-ci
fait entrer le cercueil dans l'église ! Le curé est
contraint de réciter les prières des morts ; le
tout par respect pour la religion de l'État, et
pour la plus grande édification des fidèles !

Que fait la police qui est sous la main des
ministres ? elle envoie quatorze commissaires et
dix-huit gendarmes pour dissiper un attroupe-
ment séditieux..... de huit à dix mille hommes !
aussi, l'autorité a-t-elle eu complètement le
dessous ! Les libéraux qui sont d'une édifiante
piété, comme chacun sait, ont triomphé ! leur
ami Manuel, dont ils n'avaient jamais entendu
parler, avait, malgré l'archevêque, obtenu
les prières de l'Eglise ; c'était assurément bien
glorieux de donner un démenti à ce prélat,
fût-on catholique comme un autre Manuel !

et voilà comme des ministres se comportent sous le règne du roi très-chrétien !

Qu'ont-ils fait encore dans cette circonstance , les ministres? ils se sont applaudis de ce que tout s'était bien passé : *il est bien heureux qu'il n'y ait pas eu de sang répandu !*

On a dit aux quatorze commissaires de police qu'ils s'étaient comportés avec beaucoup de prudence, et aux dix-huit gendarmes qu'ils avaient fait preuve d'une fermeté modérée.... contre dix mille hommes !

Je ne peux cependant pas quitter ce Manuel l'agent de change , sans faire une réflexion affligeante : cet homme , né juif polonais, devenu catholique, a laissé quatre ou cinq millions de fortune ! quel métier que celui d'agent de change ! je ne m'étonne plus que la propriété ne soit rien auprès de l'industrie (1).

M. du milieu. Vous en dites trop , Monsieur, contre les ministres ; ils ont de bonnes intentions , n'en doutez pas. Le tems n'est pas venu, ils sont liés par des antécédens.... D'ailleurs , vous le savez, le bien ne peut pas se faire en un jour.

M. de la droite. Oui , Monsieur , je le sais

(1) La vérité exige de convenir que M. Manuel passait pour un homme bienfaisant.

et je connais leurs antécédens ; mais brisons-là, il est tard ; avant de nous séparer, buvons un verre de Champagne à la santé du Roi, et ajournons-nous au 8 juin : surtout plus de M. de la gauche.

M. Prudent. Je ne suis sans doute pas compris dans l'exclusion ?

· Non, certes, répond M. de la droite ; et ces messieurs se retirent.

Sir Francis avait écouté avec trop d'attention pour avoir eu le tems de manger ; cependant, pour le dire en passant, il a bon appétit et boit sec : nous continuâmes notre dîner.

Au dessert, il prend la parole et me dit : Que je suis content d'avoir fait votre connaissance ! je ne voudrais pas pour 20 guinées n'avoir pas assisté à ce dîner.

Je vois qu'il y a chez vous bien des nuances de royalistes.

Les royalistes purs, tels que M. de la droite.

Les royalistes circonspects, tels que M. Prudent.

Enfin les royalistes de circonstance, comme M. du milieu.

Mais, dites-moi, tous ces *gentlemen* sont-ils bien désintéressés ?

Moi. Sir Francis, voici ce que je pense.

La fraction des royalistes purs est très-désintéressée. Il se peut néanmoins que, dans le nombre, il y ait quelques membres influens animés de la noble ambition d'être utiles à leur pays ; mais, et j'en suis convaincu, ils verraient, sans regret, les hautes places de l'administration occupées par d'autres personnages, s'ils étaient royalistes.

Sir Francis. God save the king !

Moi. Quant à ceux que vous appelez circonspects, c'est la loyauté et la franchise de M. Prudent. S'ils ont commis les fautes qui leur sont reprochées par leurs amis, c'est qu'ils ont été conduits par la crainte de voir passer l'autorité entre les mains de gens capables de perdre la monarchie en huit jours. Mais je crois que leur crainte était mal fondée.

Sir Francis. God save the king !

Moi. Cependant, on m'a dit, et c'est peut-être une calomnie, que quelques-uns d'entre eux avaient sacrifié au dieu *Plutus*, et que des opérations de commerce auxquelles on les avait fait participer les avaient tout-à-fait *ministérialisés*.

Sir Francis. God damn !

Moi. On pourrait appeler ceux-ci royalistes à la suite, mais les autres retourneront à leurs anciens frères d'armes, si on ne change pas de système.

Sir Francis. God save the king! Maintenant, parlez-moi du centre droit.

Moi. Il y a dans le centre droit, je ne dirai pas deux partis, mais deux fractions qui, dans bien des occasions, semblent se confondre. C'est là que siégent beaucoup de fonctionnaires publics qui, pour la plupart, sont attachés à la légitimité et à la dynastie; dans ce nombre on en compte plusieurs qui ne sont pas fâchés de voir le clergé et l'ancienne noblesse avilis! Cependant, dans quelques circonstances ils voteraient avec le côté droit, si la crainte d'être destitués ou privés d'avancement ne leur faisait pas une loi de n'avoir pas plus d'esprit que les ministres.

Sir Francis. God damn!

Moi. Les autres sont des gens tranquilles qui veulent le bien comme ils l'ont voulu avec la république, avec le directoire, avec le consulat, avec Buonaparte, c'est-à-dire des êtres contens de tout, dès qu'ils peuvent manger et digérer à leur aise. Ce sont deux fractions qui ont puissamment concouru à la loi des élections de 1817, qui l'ont fait maintenir en 1819, et enfin qui l'ont fait corriger en 1820, parce que tel a été le bon plaisir des ministres qui ont pu se convaincre que le sort de la France tenait à trois ou quatre voix.

Sir Francis. God damn ! mais parlez-moi du centre gauche ? ceux-là sont-ils royalistes ?

Moi. Comme on ne l'est pas ; car ils veulent bien le Roi et même sa dynastie, sous la condition que le Roi et sa dynastie voudront bien adapter à la monarchie, telle qu'ils l'entendent, tous les principes de la révolution. C'est monter des pierres fines sur du plomb et élever un magnifique édifice sur du sable mouvant !

C'est dans ce centre que se trouvent ces êtres indéfinissables qu'on nomme doctrinaires.

Sir Francis. God damn ! ah ! je connais et je vous dispense de me parler du côté gauche. Les honorables *gentlemen* qui le composent sont aussi connus à Londres qu'à Paris ; il ont, comme madame *Manson*, une réputation européenne.

J'aurais la crainte de passer pour calomniateur si je disais qu'ils sont révolutionnaires, jacobins, carbonari, radicaux, libéralès, teutoniens ; mais leurs discours sont tels, qu'on peut en tirer la conséquence qu'ils sont tout cela à la fois.

La grande propension que ces messieurs ont à propager les insurrections dans tous les pays, a fait croire qu'il existe véritablement un comité directeur. De ce centre partent, pour toutes les extrémités du monde, des ordres pour faire des constitutions; celle des cortès à la grande vogue! C'est aussi de ce centre que nos radicaux ont reçu l'année dernière des instructions pour faire triompher l'innocence de notre reine *persécutée*.

Mais, dites-moi, est-ce que votre charte, dont tout le monde parle, autorise ces discours incendiaires que j'entends à la tribune? dans mon pays, de pareils orateurs seraient envoyés à la Tour.

Ici, je l'avoue, je me trouvai fort embarrassé; l'amour-propre national était piqué; j'étais honteux et pour la charte et pour ceux qui, depuis six ans, s'étaient conduits de manière à ce qu'un étranger pût se permettre une pareille question; je répondis, en balbutiant, que la charte n'avait pas prévu le cas où l'on prêcherait la révolte à la tribune.

Soit, reprit mon Anglais; un législateur n'avait pas prévu le parricide, mais un mons-

tre parut, et on a fait des lois contre les monstres: de même, quand un premier orateur a
osé proclamer le principe de l'insurrection,
vos ministres devaient proposer des lois sévè-
res contre un pareil crime. Ils sont véritablement, par leur insouciance, coupables ou du
moins complices des révoltes qu'on provoque
à chaque séance.

Je ne répondis pas, cela m'aurait mené trop
loin. Nous nous retirâmes après que *sir Francis*
m'eut fait promettre de dîner avec lui le jour
que les trois députés avaient indiqué.

~~~~~~

SIXIÈME DINER.

UNE indisposition survenue à M. du milieu
empêcha pendant plus de deux mois la réunion
des trois convives ; enfin j'appris qu'ils devaient se donner un dîner d'adieu le 30 juillet ;
j'en prévins sir Francis qui, aussi exact, et je
crois plus curieux que moi, fut le premier au
rendez-vous.

La conversation roula d'abord sur la maladie de M. du milieu.

J'ai gagné, dit-il, un rhume au baptême du
duc de Bordeaux ; j'ai voulu tout voir, j'ai eu
très-chaud au bal de l'Odéon ; n'ayant pas
trouvé de voiture en sortant, j'ai fait le jeune
homme et le froid m'a surpris. C'est un peu
ma faute ; au reste, je ne m'en repens pas, j'ai
vu et partagé la joie universelle. Je n'aurais
pas cru que Paris fût aussi royaliste : je vais
devenir *ultrà*, si je n'y prends garde.

M. de la droite. Vous avez encore bien du che-
~~~~~~

min à faire, et vous avez trop de liaisons avec des personnes qui vous corrigeront d'un pareil défaut.

M. Prudent. Pour moi, je déclare que je ne veux plus être leur très-humble serviteur; tout ce qui se passe depuis trois mois me dégoûte du métier de *ministériel.* J'entends dire à la tribune que l'Europe est sillonnée par une gendarmerie qui l'exploite au nom de l'ordre social...; et, s'il vous plaît, cette prétendue gendarmerie, c'est l'armée de Russie, c'est celle d'Autriche! Il semble que ces misérables invoquent une troisième invasion.

M. de la droite. Il n'y a point de doute qu'il n'aimassent mieux voir le commandement de Lyon et de Grenoble entre les mains de l'hetman des cosaques, qu'en celles du maréchal duc de Bellune.

Donnez-leur pour roi un *Ypsilanti* ou un *pacha de Janina*, car ils ne sont pas difficiles, ils lui obéiront plus volontiers qu'à un Bourbon! Un libéral a aussi peur de la légitimité qu'un hydrophobe a peur de l'eau. Au commencement de la révolution, et *par prescience*, tout jacobin se glorifiait du nom *d'enragé.*

Au reste, il n'y a là rien qui doive étonner; l'expérience prouve qu'on n'oublie pas le mal qu'on a fait : on ne peut pas s'amnistier soi-même !

Ceux qui ont commis un crime s'élèvent rarement à la hauteur du pardon qu'on leur offre.

C'est cette mauvaise disposition du cœur humain qui a prolongé la révolution ; ceux qui en étaient les chefs avaient, dans leur affreux calcul, pris le soin de fermer la porte au repentir, en faisant prononcer la condamnation de Louis XVI. Ils ne prévoyaient pas que la clémence d'un roi légitime pût être supérieure à leurs forfaits !

M. du milieu. Cette fois, je suis d'accord avec vous. Si les révolutionnaires connaissaient nos princes, ils abjureraient bientôt leurs détestables principes.

Vous avez été sans doute scandalisé du rapprochement perfide qu'on a fait à la tribune entre les *Bourbons* et les *Stuarts* (séance du 9 mai) ; non pas que je prétende que ceux-ci méritassent leur sort ; mais l'analogie que l'orateur a voulu établir est également fausse et indécente.

Deux jours après, un autre orateur s'est permis de dire que « ce qui relève le jury, c'est » son intervention dans les affaires politiques, » et qu'il s'associe au pouvoir de la chambre,

» en ce qu'il est appelé à apprécier les actes
» du gouvernement, les caractères de l'insur-
» rection et de la résistance légale. »

Je ne crois pas qu'il y ait une proposition
plus antisociale !

Le pouvoir exécutif de qui émane toute justice, et les trois branches du pouvoir législatif,
tomberaient bientôt dans l'avilissement ! cela
me fait penser, au contraire, que, dans les affaires politiques, l'intervention du jury est dangereuse.

M. de la droite. Mais ce n'est donc pas une
plaisanterie ? vous devenez *ultrà !* bravo !

M. du milieu. Vous n'avez pas à vous plaindre de nous ; nous, vous, avons secondés de
tous nos efforts dans la loi du clergé : vous
demandiez dix-huit évêques, on vous en a
donné trente !

M. Prudent. Oui, mais cela s'est fait de
mauvaise grâce ; pourquoi n'avoir pas présenté
courageusement le concordat de 1817 ? Il y a
des gens dont la main est malheureuse ; ils gâtent
tout ce qu'ils touchent, ils font le mal très-
bien, et, quand ils font le bien, ils le font mal !

M. du milieu. Vous êtes presque aussi anti-
ministériel que M. de la droite.

M. Prudent. Je dis, comme lui, que votre

conversion n'est pas très-avancée ; si votre centre n'eût pas obéi à la peur des ministres, la loi sur les dotations ne passait pas.

M. de la droite. En effet, il est absurde d'accorder des indemnités à des gens qui, après tout, n'ont perdu que des récompenses dépendantes des chances de la guerre, lorsqu'on ne parle pas d'indemniser, même légèrement, les anciens propriétaires spoliés, parce qu'ils ont été fidèles !

Et les infortunés colons de Saint-Domingue, autrefois si opulens, aujourd'hui l'objet d'une pitié insultante ! ils sont réduits à un état qui est une véritable honte pour le gouvernement !

En vain d'honorables collègues, le comte Duhamel entre autres, ont-ils plaidé la cause de ces Français intéressans ! Leur voix a été étouffée par ceux-là mêmes dont ils devaient être appuyés !

Le triomphe, si c'en est un, est resté à ce ministre dont la politique étroite semble ne vouloir connaître que la légitimité des nouveaux propriétaires qui ne sont que des insurgés ! Secondé par un *sous-ordre* que M. le duc de Fitz-James a signalé dans son discours à la chambre des pairs, le ministre de la marine dédaigne ces anciens colons, ces Français dévoués qui avaient porté le commerce de la métropole au plus haut degré de prospérité!

Ils sont malheureux, par conséquent il faut les sacrifier ; voilà le système !

Ce n'est pas tout : pour combler la mesure, on favorise le commerce avec une colonie en état de rébellion contre la métropole, les murs de Paris en font foi! on repousse les anciens colons, on accueille les *nouveaux propriétaires !* Il est vrai que ceux-là n'ont que le droit en leur faveur et que ceux-ci ont le fait. Or, il n'est personne qui ne sache que les hommes qui ont été élevés à l'école du ci-devant empereur, sont fortement prononcés en faveur du fait.

Tant il y a que les propriétaires de Saint-Domingue réfugiés en France, sont encore plus malheureux que les émigrés !

M. du milieu. Les circonstances n'ont pas permis jusqu'à présent de s'occuper de tout cela ; mais vous savez qu'en attendant, le Roi prend sur sa liste civile pour faire du bien à beaucoup d'individus (1).

(1) Comment se fait-il que des demandes à fin de secours (ce qui suppose un besoin pressant) ne soient répondues qu'au bout de trois années, par des invitations de venir donner des renseignemens ?

M. de la droite. Les Français devraient rougir des sacrifices que Sa Majesté et sa famille s'imposent. Les domaines du Roi étaient immenses ; M. de Vaublanc a eu soin de l'apprendre au côté gauche qui avait l'air de ne le pas savoir. Ces domaines sont, en grande partie, évanouis ; le Roi veut bien se contenter d'une liste civile assez exiguë. Lui et sa famille prennent en quelque sorte sur leurs besoins personnels pour donner un morceau de pain à de fidèles serviteurs âgés ou infirmes ; nous devrions en être honteux !

Mais, par compensation, j'ai vu le moment où la ci-devant reine *Hortense*, la princesse *Elisa*, le prince de *Canino*, allaient absorber tout ce qui reste du domaine extraordinaire !

M. Prudent. Enfin la loi, au moyen des amendemens qu'elle a reçus, est devenue insignifiante ; seulement, la discussion nous a valu une bonne naïveté de M. P.....

Son excellence a dit que, « appelée au conseil de Buonaparte, elle aurait donné un avis, et qu'appelée au conseil du Roi, elle en donne un autre. » La phrase peut paraître jolie à un courtisan ; au fond, elle est plus que niaise ; car s'il venait un troisième maître, son excellence, qui sans doute irait lui offrir ses services, en serait quitte pour dire qu'elle est d'un troisième avis.

M. du milieu. Ce ministre a, mal à propos, visé au bel esprit ; mais je suis convaincu que ses intentions sont loyales, et son dévouement sincère.

M. de la droite. Je veux bien vous passer cela ; cependant je dirai toujours que, quand on a eu le malheur d'être le conseiller de l'ennemi le plus acharné qu'ait eu la maison de Bourbon, on ne doit pas se permettre d'être le conseiller de Louis XVIII.

M. du milieu. Eh ! de grâce, laissons M. P... tranquille, il a assez affaire ; réservez votre fiel, je vous le permets, pour M. le marquis de Laf..... : N'avez-vous pas été édifié de son discours sur le budget ?

M. de la droite. Tellement édifié que, d'après les principes qu'il a proclamés, cet homme, ses complices et adhérens, devraient être mis hors de la loi dans toute l'Europe.

Je dis ses complices, car MM. S... B. C... M..., et plusieurs autres, ont dit les mêmes choses, quoiqu'en termes moins virulens.

M. Prudent. Je demande grâce pour M B... de B...., parce qu'il m'a fait rire, et que par conséquent il m'a désarmé.

Ce galant homme ne veut plus ou presque
plus de gendarmerie, parce qu'elle inquiète
les voyageurs paisibles qui attendent, vers le
soir, au coin d'un bois, d'autres voyageurs
qui ont trop d'argent ou des malles trop pe-
santes. M. B... de B... a de la prévoyance ; on
ne sait pas ce qu'on peut devenir.

M. du milieu. Vous plaisantez, Monsieur ;
moi, je prends la chose au sérieux. Oter au
gouvernement les moyens de prévention et de
répression, c'est briser tous les ressorts de la
société.

M. de la droite. Comment, mon cher, c'est
sérieusement que vous vous faites royaliste ?
Vous émettez les mêmes principes qu'un *exa-
géré* de notre bord ! Notre collègue Bourrienne
a dit « qu'il ne fallait pas chercher ailleurs la
cause de ce malaise qui tourmente la société
européenne, que dans la décadence et l'affai-
blissement du pouvoir. Tout ce qui tend, a-
t-il ajouté, à diminuer le pouvoir est un attentat à l'ordre social. »

Réflexion profonde que ne sauraient trop
méditer les rois... qui le sont encore !

M. du milieu. Nous avons cependant une
inquiétude de moins, Buonaparte est mort.

M. Prudent. Oui, mais les buonapartistes.

ne le sont pas. Nos quais, nos boulevarts, sont tapissés de lithographies scandaleuses (1). Le parti libéral soudoie des pamphlétaires ; on est inondé de tout cela.

M. de la droite. Buonaparte ne m'inquiétait plus ; toutefois, c'est une idole de moins pour les agitateurs. Cela n'empêche pas que le ministère ne se soit couvert d'un ridicule de plus en paraissant se réjouir de la mort du héros aux pieds duquel rampaient beaucoup de personnes qu'il est inutile de nommer.

M. du milieu. Vous êtes dévot, Monsieur, mais vous ne manquez pas une méchanceté.

Tantœ ne animis celestibus iræ!

M. de la droite. Ce n'est pas méchanceté, je vous assure, c'est cette mémoire..... Au surplus, si le ministère croit devoir des remercîmens à la maladie qui a envoyé au tombeau *l'homme du destin*, je ne m'y oppose pas. J'ai un reproche plus sérieux à lui faire : les conspirateurs de l'Est ont été acquittés ; la conspiration militaire du 19 août a eu un résultat que je n'ose qualifier. Si la police ministérielle n'avait pas fait tout ce qui était en elle pour

______

(1) La police a eu soin de faire disparaître la plupart de toutes ces lithographies quand tout le monde en a été rassasié.

ne pas trouver les coupables, nous aurions eu ces deux scandales de moins.

L'impunité est un fléau (1)!

M. du milieu. Quant à la conspiration de l'Est, les jurés ont prononcé ; nous n'avons pas le droit de critiquer leur décision ; encore moins avons-nous celui de censurer l'arrêt de la cour des pairs ?

M. Prudent. Taisons-nous là-dessus, il y aurait peut-être trop de vérités pénibles à dire ; et, pour me servir d'une expression ministérielle, il est parfois *intempestif* de dire des vérités.

Cependant, je peux en rappeler une : trop souvent, dans cette affaire, les témoins ont été sur la sellette à la place des accusés qui se sont permis, soit par eux-mêmes, soit par leurs conseils, d'être interrogateurs.

(1) Ceci rappelle une anecdote connue. Environ dix ans avant la révolution, un assassin, traduit par devant un de nos parlemens, fut déchargé de l'accusation. Quelques jeunes conseillers, imbus des principes philantropiques, s'étaient ligués pour le sauver. Le président, homme grave et instruit (il serait maintenant un éteignoir), dit en signant l'arrêt : « Nous sommes aujourd'hui complices de deux assassinats au moins. » Deux ans après, celui qui avait été absous fut repris et condamné. Il avait, depuis le premier arrêt, tué le mari, la femme et deux enfans pour voler cent écus. Avis à MM. les jurés.

M. du milieu. J'ai été, moi, stupéfait, le terme n'est pas trop fort, de l'impudence d'un témoin qui a avoué le parjure : avec 100 francs d'amende, il a cru avoir acheté le droit de se moquer de la chambre des pairs ; il a poussé l'insolence jusqu'à dire qu'il obtiendrait leur estime ! Il y a un bien grand vide dans nos lois, puisqu'il n'y en a point contre le parjure ! Je compte, dans les premiers jours de la session prochaine, faire une proposition à cet égard.

M. de la droite. C'est bien ; votre conversion avance ; mais vous n'en êtes qu'à l'attrition, ce n'est pas assez, il faut de la contrition. Je vais savoir si vous en approchez. Comment avez-vous trouvé le rapport de M. de V.... sur la censure des journaux ?

M. du milieu. Il m'a presque séduit, malgré les engagemens que j'ai avec le ministère : c'est un des beaux discours parlementaires qui aient été prononcés ! Ceux de MM. C... B..., Dèle... J... de B..., et B... de V..x, sur le même sujet, m'ont fait aussi beaucoup d'impression. Cependant j'avoue que j'ai voté pour la censure ; en agir autrement, c'eût été, suivant moi, rompre toutes les digues !

M. Prudent. La question était délicate : le

ministère, voulant nous forcer la main, nous avait mis dans une fausse position. Aussi ai-je saisi avec empressement l'amendement qui fait cesser la censure à la fin du troisième mois de la prochaine session: il faudra bien que, d'ici là, on propose une bonne loi répressive.

M. de la droite. Bonne! il faudrait en avoir l'intention; je le désire, mais je n'y compte pas. Au reste, puisque je suis en train de quereller M. du milieu sur sa conversion, je lui demanderai si lui et ses amis ne se sont pas prononcés contre cet amendement? Il n'a été enlevé, je suis honteux de le dire, que par le secours de la gauche!

M. du milieu. J'en conviens.

M. de la droite. Ainsi, votre parfaite conversion est remise à un autre tems; néanmoins, par forme de concession, vous avez voté avec nous pour l'amendement de M. de Bon...

M. du milieu. Sans doute, nous avions le mot d'ordre!

M. de la droite. Je ne me plains pas de cela. Les libéraux abusent de tout; mais je les laisse là pour un instant et je m'occupe de vous. Que votre centre a dû être glorieux du pompeux éloge qu'en a fait M. P.....! La gauche peut se plaindre de son éloignement, la droite n'a que

peu de part à ses affections ; vous seuls, Messieurs du centre, concentrez toutes ses amitiés !
Savez-vous que nous allons être jaloux?

Le spirituel M. Cornet-d'Incourt l'a dit :

Nous nous croirions haïs d'être aimés faiblement.

Un peu de royalisme , mais pas trop ; un peu
de fidélité, mais pas.......

M. Prudent. Cessons de plaisanter; la censure
est accordée, au moins pour un tems. Je parie
que les journaux royalistes seront les seuls qui
auront à se plaindre de cette mesure! Les journa-
listes seraient bien maladroits s'ils ne tenaient
pas note de ce qu'on leur aura rogné. En vérité ;
plus je réfléchis, plus je suis convaincu que
nous avons fait une sottise de nous rallier au
ministère ; il se joue de nous.

M. de la droite. Il fait fort bien.

M. Prudent. Fort bien ? je pourrais en convenir ; mais peut-être n'est-il pas trop généreux
de me le dire. Vous savez que nous avons été
de bonne foi, c'est déjà beaucoup ! nous avons
eu le malheur d'être trompés, c'est le sort des
honnêtes gens ! MM. de V.... et C.... l'ont été
aussi, et ils se retirent.

M. de la droite. Ils auraient dû le faire depuis quelques mois. Cependant je leur sais

gré de la noblesse qu'ils mettent en se retirant ; ils seront regrettés.

M. du milieu. Et peut-être rappelés. C'est avec peine que je les vois s'éloigner. Je ne suis pas bien avant dans les secrets ; mais je peux assurer que les présidens des colléges électoraux seront pris pour les deux tiers dans le côté droit , et l'autre tiers dans le centre.

M. de la droite. Je ne pense pas qu'on rappelle nos deux ministres ; c'étaient des censeurs importuns ! On en fera courir le bruit d'ici aux élections , et cela n'empêchera pas qu'on ne se moque d'eux , même officiellement, dans la partie non officielle du *Moniteur.* Vous , M. du milieu, qui paraissez être initié , pourriez-vous me dire si, parmi ces présidens de colléges , il se trouve quelques députés qui aient fait partie de la majorité de la commission qui a proposé le rejet de la censure, ou même des membres de la droite qui ont ostensiblement partagé l'opinion de cette majorité ?

M. du milieu. Vous me demandez beaucoup ; peut-être ne sais-je rien de tout cela. Mais nous ne sommes que trois............. Je pense que ce vote est un obstacle à tout ; les députés sortans qui ont eu le malheur de l'émettre seront écartés autant que possible : on ne veut pas de contradicteurs.

Pour en revenir à la censure, je suis surpris que vous n'ayez pas fait usage d'un raisonnement que, cent fois, j'ai entendu de la bouche de vos amis. Il suffit, disaient-ils, que le côté gauche veuille une chose pour que nous en désirions une autre.

Or, le côté gauche ne voulait pas la censure, donc vous deviez la vouloir.

M. de la droite. Le côté gauche ne veut pas la censure, parce que, dans ce moment, il n'a pas l'autorité. Donnez-la lui, et vous verrez renaître une censure inquisitoriale.

Les journaux étaient libres le 9 août, ils ne l'étaient plus le 11 ! Il en a été de même au 12 vendémiaire au 3, au 18 fructidor an 5 ; il en est de même en Espagne et en Portugal où les révolutionnaires sont les maîtres !

Je dis plus : les libéraux étaient en marché avec le ministère pour voter la censure si la droite n'eût pas été divisée. Ces gens-là prennent tous les masques ; les honnêtes gens n'ont que leur figure !

M. du milieu. Je crois vrai ce que vous dites, mais j'en reviens à mon opinion : la censure est nécessaire.

M. Prudent. Elle est nécessaire sans doute, parce qu'elle se lie au système de bascule dont les ministres ne veulent pas se départir! et pourquoi ne présenterait-on pas une loi répressive? Au surplus, Messieurs, nous touchons au terme d'une longue et ennuyeuse session; nous avons adopté le budget par lassitude, comme les grands seigneurs à qui leurs intendans font signer leurs mémoires au moment où ils vont se coucher.

Récapitulons ce que nous avons fait depuis sept mois et demi.

M. de la droite. Les six douzièmes, la loi sur les comptes, celles sur les circonscriptions électorales et le budget; c'était travail obligé! un changement insignifiant à notre règlement, un autre changement à un article du code criminel, la loi sur le clergé, celle sur les dotations, et enfin la loi sur la continuation de la censure. Je ne parle pas des lois d'un intérêt purement local, à dix par séance : voilà notre immense travail. On a bien présenté un projet de loi organique sur les administrations départementales et municipales ; mais ce projet était si bien rédigé qu'il a déplu à tous les côtés de la chambre : on ne s'en est pas occupé, c'est ce que voulait le ministère!

Du reste, pas une institution monarchique, pas même un seul discours des ministres à portefeuille qui en fît entrevoir.

En revanche, des pétitions, plus scandaleuses les unes que les autres, fabriquées à Paris, dans l'ancien bureau de la défunte *Minerve ;* elles nous arrivaient de Chartres, du Mans, et même d'Italie ; ajoutez à cela des discours incendiaires pour les appuyer.

Du crime rédigé, pour ainsi dire, en catéchisme d'un côté ; de la faiblesse de l'autre ; quelques éclairs de royalisme à des intervalles éloignés, voilà toute notre session !

Nos commettans nous demanderont ce que nous avons fait pour la monarchie ; nous leur répondrons : Rien, on ne l'a pas voulu.

Mais les ministres resteront pour la sauver, comme plusieurs d'entre eux ont sauvé Buonaparte ; et, pour mieux y réussir, ils donneront au Roi des conseils différens.

Tout cela me dégoûte, et il ne tient à rien que je ne donne ma démission.

M. Prudent. Vous feriez la plus haute sottise ; la bataille n'est pas perdue. Ne nous laissons plus leurrer, nous sommes assez forts ; nous le serons bien davantage si nos collègues et nos amis des départemens qui doivent renouveler, sentent l'intérêt de se rendre à leurs colléges électoraux. Repoussons les libéraux, éloignons les ven....

M. du milieu. Vous bégayez, achevez, vous voulez dire les *ventrus ;* je ne me fâcherai pas, j'ai presque envie de ne plus l'être. Toujours est-il certain que je préférerai les la Bourd.... les Vaub...., les Cas... Baj... à des.....; mais, pour ne pas médire, je ne les nommerai pas.

M. de la droite. Voilà un bon commencement de conversion ; moins elle sera subite, plus elle sera sincère. Il est tard, il faut nous séparer ; auparavant, portons une santé au Roi. Nous nous reverrons, j'espère, au mois de novembre prochain, et même plus tôt, si cela vous fait plaisir. Venez à ma campagne, vous pourrez chasser tout à votre aise ; j'ai beaucoup de gibier et presque toujours bonne compagnie.

Après avoir bu à la santé du Roi, les trois honorables membres se séparèrent.

Sir Francis prend la parole et me dit : J'ai beaucoup d'amitié pour M. de la droite, beaucoup d'affection pour M. Prudent, et pas d'éloignement pour M. du milieu. Quant à M. de la gauche, je le hais presqu'autant que M. *Hunt.* Et parlant plus sérieusement il ajoute : Il est bien vrai que l'histoire de cette session se trouve en entier dans les deux ou trois phrases de M. de la droite.

Moi. Vous avez raison, mais ce serait une histoire bien décharnée si on ne savait pas qu'un aussi mince résultat n'est que le fruit de l'intrigue et le triomphe de la médiocrité. Ce ne sont pas les libéraux qui m'effrayent, ce sont ceux qui les caressent ou les craignent ! encore, cette crainte n'est-elle que simulée et mise en avant pour masquer la haine qu'on porte aux royalistes. Nous nous quittâmes, sir Francis et moi, sans nous donner de rendez-vous.

Je le rencontrai le jour de la Saint-Louis ; son bonjour fut : *God save the king !* Je lui parlai de la mort de la reine d'Angleterre.

Encore une victime, me dit-il, *innocente vertueuse* et *persécutée !* et il ajouta : Vos libéraux doivent céder le pas aux nôtres. Si les uns font des insurrections avec des enterremens, les autres y font tuer du monde. Je revendique le premier prix pour mes compatriotes, les vôtres doivent se contenter du second.

Je n'eus pas envie de quereller pour une pareille primauté.

Sir Francis m'annonça qu'il partait pour Londres et qu'il serait de retour à Paris à l'ouverture de la session. Je veux absolument , me dit-il , faire la connaissance de M. de la droite et de M. Prudent. J'espère que le côté droit ne commettra plus la même faute, et qu'il se réunira sous la même bannière. Il n'y a que *l'u-nion* qui puisse sauver les hommes de bien! je ne regarderais pas comme tels ceux qui se-raient assez ennemis de leur pays pour se dispenser de se rendre à leurs colléges élec-toraux.

Les libéraux ne manqueront pas d'intrigues pour faire choisir des gens de leur parti.

Le ministère usera de toute son influence pour avoir des hommes nuls.

Les royalistes doivent donc réunir tous leurs efforts pour obtenir des hommes dévoués à la cause de la religion et du Roi.

Je parle de religion quoique je ne sois pas de votre communion ; mais je suis con-vaincu que sans religion un Etat ne peut sub-sister.

Un homme pieux est nécessairement un hon-nête homme , première qualité essentielle d'un député.

Je connais assez la France, que j'ai par-courue dans tous les sens , pour assurer que

les royalistes sont en majorité partout........,
excepté dans les administrations !

Leur devoir est d'assister aux assemblées,
et de se bien entendre pour les nominations.
Ils ont l'exemple de 1815 et celui de 1820.

Il faut, comme le dit M. de Châteaubriand,
le Roi, la charte et les honnêtes gens.

God save the King!